Género Cuento exagerado

Pregunta esencial

¿Qué tipo de historias contamos? ¿Por qué las contamos?

Micaela

Claudia María Ramírez López

ilustrado por Edwin Diaz

Capítulo 1

La mujer elástica

Hoy tendrás la oportunidad de conocer algo de la vida de Micaela, una mujer elástica, fuerte, poderosa y con un poder de palabra fuera de lo común. ¿Viajó en cohete y vio una constelación? ¿Hizo un aterrizaje forzado en el desierto y sobrevivió allí sin agua ni comida? ¿Ingirió una pócima para tener la estatura de un gigante? Nada de eso. No te dejes engañar. Lee con atención, que en este libro te contaremos la verdad.

La señora Micaela Bastidas nació en algún lugar de las rocosas y altas montañas de Perú, por allá en el año mil-setecientos-no-me-acuerdo. Su papá era africano. Su mamá, indígena de América. Así que Micaela tuvo en su sangre dos culturas: la africana y la americana.

Su pelo era negro como la noche; su piel, dorada como la miel; y sus ojos penetrantes, como los de una lechuza. Además, era tan elástica, pero tan elástica, que al estirarse podía tocar los copos de nubes. Si quería que el cielo estuviera nublado, solo debía estirar un brazo para acomodar los copos a su antojo. Si quería que el sol resplandeciera en la cordillera de los Andes, le bastaba con mover ligeramente la mano para que las nubes se alejaran. Su elasticidad también le permitía ascender y descender las montañas con facilidad. Solo tenía que subir y bajar una pierna. ¡Era toda una exageración!

No sé si lo sabes, pero en Perú hay muchísimas montañas. Hay montañas sobre las montañas, montañas al lado de los manantiales, montañas encima de los manantiales y debajo de estos. Por donde mires hay... montañas. Es, básicamente, un majestuoso y perfecto laberinto de montañas. Sin embargo, para nuestra amiga Micaela, cruzarlas nunca había sido un problema, porque, como ya se ha dicho, solo tenía que alzar una pierna y después la otra: podía subir, bajar o saltar la montañosa cordillera. Así que se desplazaba con gran facilidad, como el viento en el desierto.

Era tan elástica y tenía tanta fuerza en sus piernas que pudo realizar actos heroicos. Un día de mucho sol, cuando los rayos habían penetrado todas las capas de la tierra, el suelo empezó a moverse. ¡Era un derrumbe! Toneladas y toneladas de tierra caían por la montaña. Esta se desmoronaba acompañada de un temible rugido, más poderoso que el de quinientos leones reunidos. Parecía un castillo de arena derribado por el viento. Micaela se dio cuenta de que un pequeño pueblo estaba en el camino de las enormes piedras de la montaña. Así que de un solo paso llegó al lugar.

Detective del lenguaje	**La frase subrayada es un tiempo verbal compuesto. Busca otro tiempo verbal compuesto en esta página.**

Micaela, quien además era inteligente, encontró rápidamente una solución. Levantó con delicadeza una de sus piernas. Estiró cuanto pudo uno de sus pies y tensionó cada uno de sus seiscientos cincuenta músculos. Recibió con ellos el impacto de la tierra y el peso de miles y miles y miles de rocas de la montaña. El derrumbe se detuvo. ¡Micaela había salvado a toda la población! Su pierna y su pie habían servido de muralla. Ella había sido la fortificación del pueblo. ¡Cuánto heroísmo había demostrado esta mujer! ¡Cuánta fuerza tenía! ¡Qué manera de estirar el pie! Era extraordinaria, maravillosa, ejemplar y única.

AHORA COMPRUEBA

¿Qué hizo Micaela para detener el derrumbe?

Capítulo 2

¿De quién es lo que trabajamos?

Otra característica especial de Micaela eran sus palabras. Posiblemente te preguntarás por qué eran tan especiales.

Primero, porque su voz era melodiosa. Era más maravillosa que el canto de los pájaros cuando le dan la bienvenida al sol. Era más encantadora que el murmullo del bosque. Además, sus palabras eran las más sabias que se habían escuchado en toda la superficie terrestre. Siempre sabía qué decir y cómo decirlo. Tenía las palabras adecuadas para un saludo amable o un gran discurso de honor y valor. Por último, sus palabras eran tan bellas que de su boca salían hermosos lirios del Perú. Cuando hablaba, florecía la vegetación. Su voz era como el esplendor de la primavera.

Todo era muy bello, todo era muy hermoso, todo era perfecto, pero... Siempre hay peros en los relatos interesantes. Perú, la patria de Micaela, había sido invadido por un grupo de personas a las que les gustaba vivir sin trabajar. Obligaban a los campesinos a realizar las labores agrícolas, mientras ellos disfrutaban las ganancias. Eran tan desvergonzados que, cuando les gustaba una casa, ¡la tomaban sin pedir permiso! Y allí se quedaban.

Los campesinos, cansados de esta situación, le contaron todo a Micaela. Querían que los ayudara, con su enorme fortaleza, gran inteligencia y extraña elasticidad, a encontrar una solución.

Micaela se enojó al saber lo que estaba pasando. Pensaba que cada uno es dueño de lo que trabaja. Consideraba que nadie puede entrar en una casa sin ser invitado y mucho menos adueñarse de ella. Así que Micaela decidió buscar una forma de sacar a esas personas de los pueblos peruanos. Las bellas montañas de Perú no podían albergar a seres que no trabajaban o tomaban las cosas de los demás sin permiso.

AHORA COMPRUEBA

¿Qué le disgustaba a Micaela? ¿Por qué?

Micaela no era la única que estaba inconforme. Muchas otras personas también lo estaban. Entre ellas había alguien muy especial: su esposo, Tupac Amarú II. Los dos hablaron con las personas de todos los pueblos peruanos para encontrar una solución. Micaela y Tupac Amarú II iban de montaña en montaña. Buscaban todos los pueblos, incluso los más escondidos, y hablaban con las personas. Micaela se dirigía a ellas con sus sabias palabras. También les dejaba una gran cantidad de lirios.

Mientras el suelo de Perú se llenaba de flores, el corazón de los peruanos se armaba de valor y exigía justicia. La estrategia de Micaela y Tupac Amarú II estaba dando resultado. Sin embargo, no era suficiente.

Las montañas, aunque bellas, impedían una comunicación rápida y oportuna. La única que podía cruzar una montaña en pocos segundos era Micaela. Para el resto de pobladores peruanos, incluso para Tupac Amarú II, esto era imposible. Cruzaban una montaña en días; a veces, en semanas. Micaela ideó un plan para que la gente estuviera bien informada todo el tiempo. Pues ella sabía bien que para lograr un objetivo es importante la unión, el trabajo en equipo y las buenas ideas.

Capítulo 3

Las palabras al aire

Micaela estaba mirando el cielo; de repente, vio una de las aves más maravillosas, propias de las montañas de los Andes: el cóndor. Esta ave carroñera es conocida como la reina de las nubes, pues puede volar muy alto. Además, recorre grandes distancias sin fatigarse porque utiliza las corrientes de aire y aletea poco. Sus alas son enormes. Extendidas, pueden llegar a medir un poco más de tres metros.

Micaela estiró sus piernas cuanto pudo. Sobrepasó las nubes y le explicó su ingenioso plan a uno de los cóndores:

—Señor cóndor, he estado observándolos. Necesitamos que usted y sus amigos sean nuestros mensajeros. Las palabras volarán con ustedes. Su libertad nos dará la nuestra.

Detective del lenguaje	**Identifica el tiempo del verbo que aparece subrayado en esta página.**

Sin dudarlo un instante, el cóndor aceptó la propuesta y se la comunicó a los demás cóndores. Así, Micaela tuvo un ejército de mensajeros negros y de cuello blanco en menos de tres minutos.

Tupac Amarú II estaba maravillado. Micaela era una gran líder. Tenía buenas ideas y encontraba la manera de ponerlas en práctica.

Los cóndores se posaron sobre una de las cimas más elevada de las montañas, donde solo llega el viento y ni él se atreve a hacer algún tipo de ruido. Micaela inició su discurso agradeciendo a los cóndores su ayuda. Todas las palabras de Micaela viajarían con los cóndores y llegarían a todos y cada uno de los pobladores peruanos.

AHORA COMPRUEBA

¿Qué le pidió Micaela a los cóndores? ¿Para qué?

—Compadres y comadres de esta tierra peruana, aunque estas palabras llegan por un medio inusual, espero que sean bien recibidas y acogidas por su razón y corazón. Es tarea difícil retirar de nuestro territorio a aquellas personas que se aprovechan de nuestro trabajo. Pero yo les pregunto: ¿no es mejor hacer un esfuerzo para lograr nuestra libertad?

Los cóndores estaban conmovidos, no solo por las palabras de Micaela sino, también, porque estas iban acompañadas de grandes cantidades de lirios.

—La libertad está en nuestras manos —continuó—, no en manos de otros. Llegó el momento de unirnos y obtener aquello que anhelamos con nuestro corazón. Esta tierra es nuestra. Lo que trabajamos nos pertenece. Esta es nuestra casa y compartimos todo lo nuestro, pero nadie tiene derecho a adueñarse de ello a la fuerza.

Una infinita bandada de cóndores partió de la cima de esa montaña y recorrió la cordillera, es decir, todas esas montañas que impiden ver el horizonte, atrapan las nubes y limitan el paisaje de forma espectacular. Ni una sola montaña se quedó sin recibir la visita de los cóndores. Hasta en el rincón más alejado, donde el viento no llega, llevaron los cóndores estas magníficas palabras.

Los peruanos estaban dispuestos a luchar. Defenderían su tierra. Defenderían sus montañas. Defenderían el producto de su trabajo.

Entonces Micaela, acompañada de Tupac Amarú II, estiró sus piernas y llegó a las alturas. Y con una voz fuerte y potente dijo:

—¡Perú! ¡Perú! ¡Perú!

En ese momento, todos los pobladores salieron de sus casas, armados de valor y con la certeza de defender sus cosas. Habían decidido enfrentarse a los intrusos que arrebataban sus cosas y desmantelaban sus casas.

Al ver semejante movimiento, los que se habían adueñado de la tierra y pertenencias de los peruanos, sin pedir permiso, salieron corriendo inmediatamente, pues todas sus artimañas eran ya inútiles. Puede que no lo creas, pero la presencia del pueblo peruano unido fue suficiente para lograr su objetivo.

AHORA COMPRUEBA

¿Qué obligó a los intrusos a abandonar el territorio peruano?

Micaela reunió de nuevo a su ejército de cóndores mensajeros y les pidió que llevaran un último mensaje:

—¡Gracias!

Las personas a quienes les habían quitado sus casas las recuperaron y empezaron a trabajar en beneficio propio. El pueblo peruano aprendió que la unión hace la fuerza. También que los cóndores son sus grandes aliados.

Micaela y Tupac Amarú II estaban orgullosos del trabajo de los peruanos. Los cóndores también lo estaban. Desde ese momento, estas magníficas aves planean con más frecuencia sobre las poblaciones de los Andes. Lo hacen para recordarles la importancia de la libertad y la unión.

Después de haber cumplido con tan maravillosa labor, Micaela saltó por el aire y se perdió en las nubes que abrigan las montañas.

Respuesta a la lectura

Resumir

Usa los detalles más importantes de Micaela para resumir el cuento. Puedes usar el organizador gráfico como ayuda.

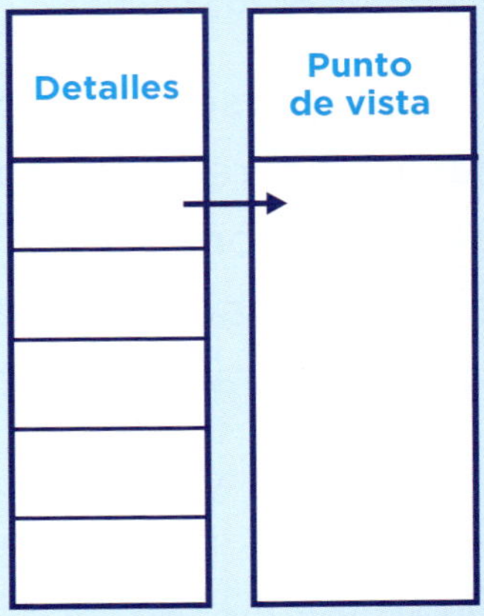

Evidencia en el texto

1. ¿Cómo sabes que *Micaela* es un cuento exagerado? Identifica una característica que te permita determinarlo. **GÉNERO**

2. ¿Qué opina el narrador acerca de Micaela Bastidas? Da un ejemplo tomado del cuento. **PUNTO DE VISTA**

3. En la página 3 aparece la palabra *ascender*. ¿Qué antónimos tiene? **SINÓNIMOS Y ANTÓNIMOS**

4. Elige una escena del cuento y nárrala desde el punto de vista de Micaela. **ESCRIBIR SOBRE LA LECTURA**

Género Leyenda

Compara los textos

Lee una leyenda acerca de una niña muy inteligente.

Un grano de arroz

Hace mucho tiempo, en la India, vivía un rajá o gobernante. Él decidió que los cultivadores de arroz debían entregarle la mayor parte de sus cosechas, pues deseaba almacenar arroz para las épocas de escasez. Pronto, los depósitos reales estuvieron llenos.

Al cabo de un año, los cultivos de arroz se echaron a perder. Las personas tenían mucha hambre, pero el rajá no les daba ni una pizca de arroz.

—Yo no puedo pasar hambre —decía—. Debo conservar cada grano para mí.

Las personas cada vez tenían más y más hambre, pero esto no preocupaba al rajá. Incluso ordenó que se preparara un banquete en su palacio.

Un sirviente y un elefante fueron a recoger arroz del depósito. Mientras el animal regresaba al palacio con su gran peso, los granos comenzaron a desbordarse de las cestas atadas a su lomo. Una niña del pueblo, llamada Rani, corrió con rapidez al lado del elefante y recogió el arroz en su falda.

—¡Detente! ¡Ladrona de arroz! —gritó el guardia de palacio.

Rani pensó con rapidez. Fingió que estaba haciendo una buena acción para el rajá.

—Estoy recogiendo el arroz para devolvérselo al rajá —dijo la niña.

Cuando el rajá escuchó lo que había pasado, decidió que Rani merecía una recompensa. La inteligente niña pidió solo un grano de arroz.

—¿Un grano de arroz? —gritó el rajá—. Permíteme recompensarte con más que eso.

—Está bien —respondió Rani—. Puedes darme un grano de arroz hoy. Luego, cada día durante 30 días, puedes doblar el número de granos que me diste el día anterior.

El rajá pensó que la petición de Rani era muy razonable. Así que le entregó un grano de arroz.

El segundo día, Rani recibió dos granos de arroz. El tercer día, cuatro granos. En el día trece, le entregaron 4,096 granos de arroz. El día treinta, se necesitaron cientos de elefantes para transportar todo el arroz de Rani. Por medio del proceso de duplicar, ¡un grano de arroz se había convertido rápidamente en más de mil millones de granos!

—¡Ahora no tengo arroz! —exclamó el rajá—, ¿qué voy a hacer?

Rani era una niña amable, así que les dio casi la totalidad de su arroz a quienes tenían hambre y guardó solo una cesta. Rani se la entregó al rajá, pero solo después de que él prometió tomar apenas lo necesario a partir de ese día. Desde luego, él estuvo de acuerdo.

Haz conexiones

¿Por qué las personas inventan leyendas como *Un grano de arroz*? **PREGUNTA ESENCIAL**

¿En qué se parecen Micaela y Rani? ¿En qué se diferencian? **EL TEXTO Y OTROS TEXTOS**

Enfoque: Género

Cuento exagerado Estos cuentos son relatos sobre personas con habilidades asombrosas que no existen en la vida real. Con frecuencia, resaltan cualidades que se valoran en una cultura, como la fuerza o la inteligencia. A veces, se basan en la vida de una persona real, pero sus acciones se exageran más allá de lo que pudo haber sido verdad.

Lee y descubre Micaela es una mujer con características extraordinarias: gran fuerza, elasticidad y palabras tan sabias que cuando habla brotan lirios del Perú de sus labios. Estas características le permiten ayudar a la gente de su pueblo a recuperar las tierras.

Tu turno

¿Qué habilidades valoras? Trabaja con un compañero o una compañera para escribir un listado de habilidades. Elige dos. Para cada una, escribe una comparación exagerada. Por ejemplo, "Tina era más rápida que un guepardo, así que podía atravesar toda África en menos de una hora".

Ilustra una de tus comparaciones y muéstrasela a tus compañeros.